JN439677

행복의 열매

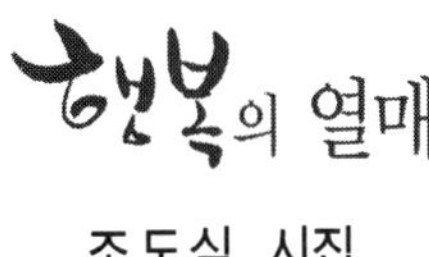

조도식 시집

동행

작가의 말

화가는 명화를 그리기 원하며
공예가는 명품을 만들기 원하고
시인은 명시를 지어
많은 사람 심금을 울려
공감대를 형성하려 한다.

예술의 수명은 무한하다 했던가!
헨델의 메시아곡이나 밀레의 만종은
시공을 초월하여 감동을 자아내게 한다.

명예가 올라가고 재물이 쌓여도
보람을 느끼지 못하면 공허할 뿐이다.
명소나 명물을 보면 곧잘 촬영한다.
그러나 사진 속에는 기억을 더듬을 수 있지만
그 속엔 생동감이 부족하다.

시심이 울어나 몇 줄의 글을 쓰다보면
심상이 승화되어 고결하게 되고
형언키 어려운 희열을 느끼게 된다.
공감하는 독자들이 늘어날 때
보람을 느끼게 된다.

포도나무의 포도송이가 주렁주렁 열려
알알이 익어가는 모습을 보고
시의 포도밭에서 김매며 북돋우고
수확의 기쁨 맛보련다.

CONTENTS

3 눈 빛

사랑이란

5 분재(盆栽)

6 금강산 만물상

CONTENTS

1

파수꾼의 나팔

파수꾼의 나팔

소돔 고모라는
파수꾼의 나팔 부는 자 없어
죽음의 바다 속에 수장되었고

이태리 폼페이도
경고 나팔 소리조차 없어
용암에 녹아 잿더미되었는데

퇴폐의 죄가
재앙을 초래함을 알지 못하는
도덕 불감증

나팔을 불어도
깨어 일어나지 아니하고
피리를 불어도
춤추는 자도 없고
슬퍼하는 자 없는데

나팔 부는 자도
피리를 부는 자도
보기 힘든 세파 속에
파수꾼의 나팔은
졸고 있네.

행복의 열매

문전옥답에
무성한 잡초는
마음속에
우거진 사악함을
뽑으라는 묵시겠지.

땀 흘려
김매고 북돋우며
하늘 문 열려
축복의 단비
촉촉이 내릴 거구.

마음밭 갈아
사랑 심고
온정으로 북돋우면

이상의 꽃이 피고
기쁨의 열매
감사의 열매
행복의 열매

주렁주렁 열리겠지.

—새힘예수병원 암환자후원회, 2004. 12 제55호에 게재

저수지

미풍엔
잔잔한 물결 일으키고
장마엔 저수(貯水)하여
자정(自淨)하고
산 그림자 드리우는 곳

거울은
얼굴의 미모 가꾸지만
저수지는
자연을 정화하는 큰 거울

주변을 거닐며 바라보면
고뇌의 시름 날아가고
신비한 활력 충전되는 곳

저수지는
낚시꾼의 쉼터
고기보다는
휴식과 평온(平穩)을 낚는 곳.

조롱박

욕심 부려
몸 불리지 않고
울타리에 매달려
풍치를 돋운다.

삼복더위에
혹서(酷暑)를 인고(忍苦)하고
장마에
더 높이 덩굴 느리고
호박처럼 될 수도 있겠지만
체념(諦念)하고
분수를 알기에
만인의 시선을 끄나보다.

삽살개

삼복더위 속에도
쇠줄에 묶여
혀를 늘어뜨리고
땀을 배출하며 헐떡이고 있다.

거추장스런 솜털
벗어버리면 시원하련만
강추위를 대비해 인고(忍苦)하고
감내(堪耐)하나 보다.

식사량이 풍성해도
먹을 만큼만 먹는 지혜
에너지가 넘쳐나도
소모할 수 없는 환경이기에
위의 부담이라도
주리려는 지혜

의식주는 걱정 없지만
자유에 목마른 분노
쇠줄은 생명줄이지만
고독을 반추(反芻)케 하는
악연의 고리

고고(孤高)한 철인의 행복
그림자 드리우나.

행복

사랑도 않고
미움도 없고
잔잔한 호수에
산 그림자 비춰듯
그토록
맑은 마음 갖게 하소서.

산에도
들에도
철따라 꽃 피워
자연을 장식하듯
웃음꽃 피우고
감사의 꽃 피워
소박한 향기 발하게 하소서.

나비들이
꽃밭을 누비고
산새들이
숲속에서 깃들듯
그렇게
행복을 누리게 하소서.

그늘

정자나무는
수백 년 동안
강렬한 햇빛 받아
무성히 자라
그늘 드리우고
삶의 쉼터 주었네.

구름 기둥도
작열하는
태양열 가리고
지친 나그네 길손
생기 솟게 하는
심연(深淵)의 우물

삼복더위에도
숲속은 그늘 세상
새들이 깃들이는 곳
삶의 무게에 눌리고
얼룩진 혼곤(昏困)의 티끌
불어버리는 신비한 그늘

햇빛

그늘진 마음에
햇빛 비춰
화사한 꽃 피게 하네.

냉랭한 인정에
햇빛 비춰
온정이 솜이불처럼
화롯불처럼
포근하게 하고
기쁨 우러나게 하소서.

악몽에 시달리는 긴긴밤에
햇빛 비춰
어둠 물러가게 하고
광명한 새 아침 오게 하소서.

뿌리들은 햇빛 싫어
땅속으로 뻗지만
나무를 지탱하고
영양 공급하고

어둠은 휴식 취하게 하여
활력 솟구치게 하고
새 날을 밝게 하네.

꽃의 묵시

꽃이 피는 것은
고운 마음
기쁜 마음 주려는 것이겠지

삭풍(朔風)도 한설(寒雪)도 이겨내고
꽃이 피는 것은
세속의 고뇌 이겨내고
굳세게 살아가란 묵시(默示)겠지

민들레는
밟히면서도
꽃 피우고
하얀 솜털에 씨알 달아
꽃 세상 만들려는 꿈꾸고

벚꽃이 피는 것은
그늘진 마음 밝게 하고
미운 마음 털어버려
사랑하며 살라는 함성(喊聲)이겠지

봄비

잠자는 나뭇가지
두들겨 잠깨어
연푸른 새싹 틔우고
노란색 분홍색 튤립꽃 봉오리
꽃대 올리우네.

파란 보리밭
부풀었던 땅
가라앉게 하고

가뭄에 시달리던 마늘잎
떨어지는 빗방울에
나풀거리며 춤추네.

향연 베풀던 벚꽃
봄비에 젖어 시들어지면
불꽃처럼 타오르는
철쭉꽃 영산홍꽃
활짝 피어
더 큰 감동 주겠지

봄비는
꽃동산 만드는 만능열쇠
생동감 주는 전령사

봄소식 전령

오리털 외투로, 방한모로
추위를 감내했던
매서운 날씨
체감온도 높아짐에
화사한 봄 치장으로
봄을 맞이하려는 듯
군자란이 꽃대를 올리고 있네.

매화꽃 스친 바람
남녘에서 불어와
산수유 개나리 꽃망울 부풀리우고
벚꽃마저 활짝 피면
벌 나비 세상

얼음이 녹고
동토 녹아지면
개구리들 세상
올해도 호박씨 심어
소박한 농심 키워보려네.

사 랑

사랑은
모양 없어 그릴 수도 없고
저울 없어 달아볼 수도 없네.

사랑은
너무 길어 재어볼 수 없고
아카시아 향기처럼
느낄 뿐이네.

녹음 우거진 숲속에서
울려 퍼지는 꾀꼬리 노래는
심금을 울리고
사랑은 소리 없어
들을 수 없지만

순교자는 사랑의 피 흘리려
순교지로 달려가
사랑의 무게를 감지케 하고
거룩한 향기를 은은히 퍼뜨리네.

알약 한 알

협심증으로
멈춰지는 심장을
니트로글리세린 한 알로
다시 뛰게 하고

췌장염으로
동통이 심하여
몸부림치는 환우에게
옥시콘틴 한 알로
평온을 찾게 했네.

질병은 만인의 적
인명을 단축시키기에
강건함 지탱키 위해
조제실 분주함은
보람된 사역(使役)

한 알의 약은
병마와 싸우는 불굴의 용사
백전백승할 수 있도록
병법 연마에 불꽃 튀는 조제실

시냇물

세월과 함께 흘러가는 시냇물
경사진 곳에선 조잘대며 환호하고
깊은 곳에선 묵묵히 상념에 잠기네.

황새 한 마리
물가에 자기 그림자 드리우고
초연히 목 늘여 낚시질할 지음
비둘기 날아와 목 추기고

시냇가 걷는 일은
세상번뇌 떠내려 보내는 일
체련기구로 체력을 단련함도
시냇가 산책에 뒤따른 소득

삼복더위 녹이는 시냇물
겨울엔 천둥오리 삶의 터전되고
낮은 데로 내려가며
겸양을 교훈하고
사해(死海)가 싫어
베풀라 묵시(黙示)하네.

처서

심신을 노곤케 하고
숨마저 헐떡이게 하던
무더위도
처서에 놀라
줄행랑쳤나보다

잔잔한 호수 주변엔
대어를 꿈꾸는
강태공들이
푸른 호수의 잔잔한 수면을
응시하며
값진 시간을 축내고 있다.

잠자리들은
코스모스 주위를 서성이며
꽃대 올려
꽃망울 터뜨리라 독려하는 듯

처서는
우거진 잡초 뽑고
무 배추 씨앗 뿌리는 분수령.

2

은총

은총(恩寵)

보화가 쌓이는 일은
축복이고
보화를 베푸는 일은
보람이네.

사랑의 교감 갖는 것은
희열의 극치이고
은총은
대가 없이 얻는 것
하나님 사랑
느끼는 것이
가장 큰 은총인 것

병아리는
물 한 모금 먹어도
하늘을 우러러 감사하고
심령에 생수의 강 흘러
현란(絢爛)한 칠색 무지개
뇌리에 각인됨이
낙원의 은총

묵시(默示)

공허를 메우고
무료함을 불어버리는
자애로운 눈빛

아카시아 향내가
꾀꼬리 노래를 곱게 하고
백합화의 청초(淸楚)함이
백로들의 날갯짓을
우아하게 하듯
심령을 유열(愉悅)케 하는 자태

천둥 벼락치고
태풍 해일이 몰아침도
성결한 삶 살라는
파수군(把守軍)의 나팔 소리인 듯

새벽별이
저토록 찬란하고
무지개가 현란함도
빛을 발하며
고매(高邁)한 삶을 살라는
묵시이겠지

꽃이 피는 것은

엄동설한에도
폭풍우 속에서도
꽃이 피는 것은

보는 이의 마음 주변에
행복의 고드름
주렁주렁
열려주기 위함이겠지

허탈한 꿈 이루려
죄악으로
다져진 굳은 마음
훈풍으로
향기로 녹여

상념(想念)의 바탕에
박애(博愛)와 베품으로
수 놓으라
계절 따라 꽃은 피었겠지.

소나무

혹독한 추위도
이겨내고
불볕더위도
감내하며
그늘 드리워
혼곤한 심신에
시원함 주고

풍상 이겨낸
강인한 기상
바위 뚫고 뿌리내려
그려진 걸작
충신열사 배출했네.

방풍(防風)도 하고
홍수도 가뭄도
막아 주고
대기를 정화하고
생기 뿜어내는
고마운 나무.

향기 물결

혼곤한 세파 속에
할퀸 상처 아물라고
아카시아꽃은
향기 뿜어내나 보다.

심심산천
외로움 달래고
고매한 노래 불라고

마음속에 얼룩진 때
성결하게 표백하라고

아카시아꽃은
저토록 하얗고
향기 물결 요동치나보다.

시원한 바람

고양이 새끼들도
혼곤하여 낮잠에 빠지고
낯선 사람 없어
짖어댈 일 없는 삽살개도
불볕더위에 지쳐
혀 내밀고
헐떡이기에

푸른 숲 계곡 따라
불어오는 시원한 바람
스쳐주면 좋겠네.

해변의 갯바람은
도심의 혼곤 불어버리고
상승기류 따라
비상(飛翔)하는 쇠기러기
초원의 아름다움 반추(反芻)하고

나풀거리는 희열의 깃발
펄럭이도록
시원한 바람
분수처럼 솟구쳐 불면 좋겠네.

새들의 노래

산새들은
산이 좋아 노래하고
새로운 꽃이 필 때마다
향기 좋아 노래하고
산들바람 불어와도
따스한 햇볕
구름 뚫고 비쳐 와도
청아하게 목청 돋우네.

물새들은
시원한 물이 좋아 노래하고
갈매기들은
출렁이는 바다가 좋아
꺄룩거리네.

새들은
장벽도 넘고
풍운도 뚫기에
자유롬이 기뻐 노래하나 보네.

봄의 미소

새들이 목청을 돋우는 것은
초가집 고드름이 녹아
떨어져 없어지고
만산에 꽃이
흐드러지게 피었기 때문이고

새들의 노래가
낭랑하고 청아한 것은
춥지도 덥지도 않은
산들바람이
심기를 안일케 했기 때문일 것이네.

얼어붙었던 강물도
훈풍에 녹아
봄을 노래하며 흐르고

꽃 잔디 백목련
벚꽃들이 만발하여
벌 나비에 향연 베푸니
봄이 오는 소리는
무지개 타고 내려오는
선녀들의 미소이네.

숲속엔

숲속엔
푸른 냄새 짙어
젊음을 되살리고
온갖 꽃은
우수(憂愁)를 몰아내고
꽃향기는
생의 활력 북돋우네.

숲속엔
다람쥐 재롱 있고
풀벌레들은
자연의 아름다움 구가(謳歌)하고
산새들의 노래는
도심의 티끌 털어내네.

숲속의 벤치에 누워
하늘 가린 푸른 잎사귀
헤아릴 때
냉기(冷氣) 뿜는 신비에 젖어
오수(午睡)를 즐기네.

봄

풋나물이
입맛 돋우는 계절
매화가 활짝 피면
자두꽃도 하얀 배꽃도
덩달아 피고

거추장스런
털옷 벗어 버리고
화사한 옷 걸치는 계절

얼어붙었던 저수지에
강태공들이
수면을 응시하며
봄을 낚는다.

어느 만남

생기를 주고
소망을 주고
마음 저변에서
뭉게구름일 듯
희열이 피어오르게 한 것은
필연의 만남

눈보라 추위에 시달리고
뙤약볕에 시달리고
황사와 폭풍에 시달려도
따스한 햇살 만나고
시원한 단비 만나고
영롱한 아침 이슬과
산들바람 만나
대지의 푸름이 싱그럽네.

헤어짐이 있어도
다시 만남을 기약하며
희열의 전대(纏帶)를
냉동시켜 본다.

봄이 오는 소리

봄비 빗방울이
대지를 두드릴 때
매화꽃 봉오리
개나리 꽃봉오리 피어나는 소리

봄을 구가하는
산새들의 노래에 비벼
시각 청각의 황홀함
자아내네.

마늘밭 파란 잎
나풀거림도 봄이 오는 소리
꽃 잔디 미세한
첫 꽃눈 피어남도
봄이 오는 소리

난초 새싹에 맺힌 이슬에도
봄이 오는 소리 스며 있네.

춘설(春雪)

소리 없이
펑펑 내리는 하얀 눈송이
얼룩진 마음
표백하란 하늘의 묵시(黙示)겠지

강아지 꼬리 흔들며
기뻐함은
산타 선물로 반기는 듯

그리운 이의 따스한 손길이
냉랭한 가슴 녹이듯
하늘거리며 내리는 눈
녹는 모습 보니
봄이 달려왔었나보네.

겨울눈은 대지 얼게 하나
춘설은 포근함 전하는 전령(傳令)

꽃 잔디

강추위에
푸름 잃고
죽은 듯 숨죽이더니
따스한 햇살에
눈 비비고
푸른 호흡 하나보네.

철쭉이 만발할 때
시샘하듯
작은 꽃망울 터뜨려
꽃동산 만들고
벌 나비 불러 모아
잔치 베푸누나.

동영상에 담아
무료함 달래며
미의 진수 음미하는 희열.

한파

영하 20도의 한파는
피를 얼게 하고
뼈를 시리게 하는데
쪽방의 한기는
빈곤의 설움마저 얼게 하고

강물도 얼고
바다마저 어는 추위이기에
고양이도
눈 뜨기마저 싫은 모양

그래도
입춘이 있기에
따스한 봄을 기다리고
인내의 열기로
강추위 이겨내며
만발한 벚꽃 우거진
행복의 길 걸으려
함박웃음 웃으려
추위를 씹는다.

폭설

폭설이 쏟아지고
영하의 추위 계속되니
빙판길 미끄럼에
위축되는 발걸음

눈 속에 파묻힌
상사화 이파리
마늘 잎 보리 잎들은
눈이불 덮은 듯
포근한 겨울잠 자나보네.

추위가 있기에
따스한 봄이 기다려지고
추위를 이겨냈기에
상사화 꽃이 그토록 영롱하고
보리는 각기병 몰아냈나?

얼음 뚫고
겨울 낚시 드리워
대어 낚는 빙상의 기쁨.

3

눈 빛

눈 빛 / 대나무 숲 / 운명 / 겨울 비 / 눈 오는 날 / 서리 / 설경 / 이슬 / 비둘기 / 까치밥 홍시 / 가을 들녘 / 가을 비 / 추석의 정취 / 어떤 미소 / 행복한 삶

눈 빛

푸른 초원에서
한가로이 풀을 뜯다가
무지개를 바라보는
사슴의 눈빛일지 몰라

공원을 배회하다
화평의 밀어(密語) 전하려
갸우뚱거리며 다가오는
비둘기 눈빛일지도 모르고

강추위에 꽁꽁 언 손
포근히 녹이는
화롯불의 다스한 눈빛

낙엽이 뒹굴고
앙상한 나뭇가지 서리바람에 시릴 때
유독 매화나무 가지에 피어나는
꽃망울의 미소였네.

백향목 나무 대패로 다듬을 때
풍기는 향기의 눈빛
향기로운 눈빛

대나무 숲

연약한 자에게
심지를 곧게 하고
슬퍼하는 자에게
기쁨을 주며
상처받은 마음
감싸주고
눌린 자에게 자유 주라고
풍상을 이겨내며 늘 푸르네.

재 가운데 앉은 자에게
세마포 입히고
영광의 나팔 울려퍼질 때
피리도 불라고
의로운 대나무 숲은
무성하기만 하네.

운명

나락(奈落)에 빠져 있으면서
부끄럼 모르고
오히려 드러내는 무지
무엇이 죄악인지 모르기에
무지 속 안일함이
심령의 질병 고질화되고

나쁜 습관은 나쁜 운명
좋은 습관은 좋은 운명
만남의 좋고 나쁨도
운명을 바뀌게 하는 것

혜안(慧眼)도
영안(靈眼)도 열어
경건의 길
의의 길
생명의 길 걷게 하소서.

겨울 비

하얀 눈이 펑펑 쏟아지면
낭만적이지만
대지는 얼어붙고
겨울 비는
강추위 몰아내고
얼어붙은 마음 녹여 주네.

산고양이는
눈이 싫고 비도 싫고
맑은 날씨 기다리지만
눈도 비도 오지 않으면
황야(荒野)로 변하는 재앙

겨울 비는
초근목피에 활력 주고
바쁜 일손 머물게 하고
포근한 휴식
안겨주네.

눈 오는 날

간밤에
소리 없이 내린 함박눈 때문
세상은 눈꽃 세상 되어
선경 되었지만
출근길은 거북이걸음
화물트럭도 몸살 앓네.

여름새들은
눈이 싫어 남쪽나라로 떠났지만
참새랑 뱁새들은
눈이 좋아
조잘거리고

남쪽나라에선 맛볼 수 없는
눈썰매랑
빙상스키의 스릴
바스락거리는 발자국 소리 들으며
눈 오는 날 등산은
검은 마음 희게 하고
상념 속의 티끌도 날려 보내네.

서리

서리가 내리면
홍시도 사과도
무르익어
가을을 풍요롭게 하고

활엽수는
잎을 떨어뜨려
나목(裸木)으로 떨고 있고
무 배추는 생기 얻어
포기 채우고 살찌우네.

서리는
국화꽃 피우게 하는 마술사
소국 대국
하얀색 노랑 보라색
색깔도 다양하고
은은한 향기는
오상고절(傲霜孤節) 자태를
묵시(默示)하고 있네.

설경

티끌을 덮고
얼룩을 지우고
소복이 내려
만산에 하얀 꽃 피우고
햇빛 내려 비추니
선경의 풍경이네.

마음 바탕에도
흰 눈 내려
하얀 꽃 피우면
청순(淸純)한 마음
갖게 되겠지.

사나운 북극곰도
함박눈 내려
대지 덮으면
굶주림도 잊고
뒹굴면서 설경을 즐기겠지.

이슬

뙤약볕에 늘어진 나뭇잎에
간밤
소리 없이 내린 이슬방울
이파리에 활력 주어
생기 솟게 하고
솔잎에 맺힌 이슬
햇빛에 반사되어
영롱한 빛 뿜어내게 했네.

수면 위로
피어오르는 물안개
선경을 창출하고
이슬 농도 짙게 하여
대지의 초목 춤추게 했네.

시들은 심령 위에
은혜의 이슬
축복의 이슬 내려
우리의 영혼도 소성(蘇醒)케 하소서.

비둘기

어느 선량이
영롱한 눈빛과 순결함을 나타내고
평화를 상징하는 비둘기
먹이 먹는 모습이 너무 귀여워
모이를 주니
친구들을 불러와
아침마다 전선에 올라 앉아
먹이 주기 기다리는 진풍경

뛸 수도 있으련만
보폭 좁은 두 발로
기우뚱거리며
두려움 없이 먹이 주워 먹는 모습은
선경에서나 볼 수 있는
아름다운 한 폭의 그림

비둘기는
먹이 주는 은혜에 보답코자
평화의 뭉게구름 몰고 올 것 같네.

까치밥 홍시

붉게 익은 홍시들이
무게에 못 이겨
땅에 닿을 듯 늘어져 있어도
따 가지 않는 인심은
가을의 풍요를 웅변하는 듯

서리가 내리고
앙상한 나목(裸木)으로
추위에 떨어도
까치밥으로 남겨둔
한 개의 홍시
금수의 생존을 배려하는
온정의 깃발이
창공에 나부끼니

귀인의 소식 전하려
날아다니는
까치의 날개에서
축복의 샛바람이
뭉게구름처럼 피어오르네.

가을 들녘

폭풍이 몰아치고
가뭄이 논바닥을
거북등 모양 갈라놓고
홍수와 산사태로
근심의 해일 범람했지만
황금물결은 풍요를 불러왔고
트랙터 소리에 빈 들이 되었네.

어느덧
기경된 들녘은
하얀 비닐로 덮여
마늘 새싹이 돋아
농촌의 궁핍을
푸름으로 덮어 주고

산자락 숲속에선
상사화 꽃대 움터 나와
화사한 꽃 피울
소망의 설계에 먹줄 튕기고

오색단풍 아름다움이
잠긴 호수에
한 쌍의 천둥오리가 물살을 가르며

한가로이 자맥질하네.

뜰 앞에 떨어진 밤 한 톨 주워
가을의 진수 맛보아야겠네.

가을 비

봄비 내리면
대지 녹아
새싹이 눈 비비고

여름비 내리면
오곡이 춤추고
천둥 번개에
산새들이 주눅 드네.

가을 비 내릴 때마다
더위가 떨며
줄행랑치는 듯

벼 이삭은 여물어
고개 숙이고
파란 감, 열매 떫음이
홍시되는 계절

배추 포기마다
채워지는 속잎은
가을을 살찌게 하고
마음도 살찌게 하고

추석의 정취

대추가 여물고
알밤도 살 오르고
홍시마저 붉게 가을을 물들이네.

활짝 핀 코스모스 꽃술에
꿀벌들이 앉아
바람에 한들거리며
가을 만찬 즐기네.

잡초에 묻혔던
묘소들은
단장을 하고
흩어졌던 혈육
상봉하는 기쁨 솟구치는 명절

거북이걸음
고향 방문 지루함도
꽃피울 정담 속에 묻어 두고
낚시꾼들은
호수에 잠긴
산그림자 응시하며
추석의 정취 낚는다.

어떤 미소

잔잔한 기쁨을 주고
활화산 분화처럼
활력을 솟구치게 하는
티 없는 미소의 위력

미소 지을 줄 모르는 고양이
신뢰(信賴)로 미소를 대신하기에
안위를 주고
무료함을 안겨 주지만
비교될 수 없는 저울추의 경중(輕重)

무거운 발걸음
가벼워지게 하고
삶의 무게를 덜어 버리는
화사한 미소의 그림자조차
권태의 흰 구름 몰아내는 청풍

미소를 짓게 하는
풍요로운 마음은
진주알 인고(忍苦)의 산물인 듯

행복한 삶

보람된 일하고
자연과 벗 삼아 놀이하고
감사하며 살 때
행복은 고무풍선처럼 부푸는 것

마음속에 그려진
불쾌한 그림 지워 버리고
기쁜 일에 모닥불 피워
즐거운 삶 밝혀보리

가물거리는 옛 친구에게
E-mail 띄웠을 때
간결한 희열의 회신은
젊음을 소생시키고
기쁨의 옹달샘에서
행복을 퍼올리네.

산그림자 드리운
맑은 호숫가에 앉아
낚시를 드리우고
행복을 건져 본다.

4

사랑이란

사랑이란 / 태풍 / 해변의 정취 / 보령 해변을 거닐며 / 고뇌를 되살리는 산 / 그늘 밑에서 / 주님을 부를 때 / 기도하면 / 까치둥지 / 금수(禽獸)들의 암시 / 주님 내 안에 계실 때 / 성령과 동행하면 / 사랑 / 숲

사랑이란

사랑이란
깊은 산 속의 옹달샘인가 봐
그러기에
만나면 기쁨이 솟아나고
오랫동안 머물고 싶은 게지

사랑이란
거미줄보다 강한
밧줄인가 봐
그러기에
한번 묶임 당하면
헤어나기 어렵고

사랑이란
어진 어버이의 마음인가 봐
그러기에
값진 보화 다 주고 싶은 게지

사랑은
근심을 봄눈 녹듯 녹이고
생에 활력소 불어넣어
뇌리에 홍시가 주렁주렁
열리게 하고

마음 바탕에 터질 듯한
백합화 피게 하여
향기를 발산케 하는가 보네.

태풍

죽어가는 바다
생기 불어넣어
소생시키고
활력 주기 위해
9m 파도로
공포마저 연출하고

오염된 대기
정화시키려
폭우 몰고온 태풍

지붕이 날아가고
거목이 뿌리째 뽑히고
농작물 피해 속출하니
정화의 대가 너무나 크구려.

마음을 정화하고
영혼 소생시키기 위한 태풍
막기 위해
성결한 마음 갖도록
기도해 본다.

해변의 정취

철썩 철썩
바다의 호흡 소리인 양
하얀 파도
밀려오고 또 밀려오고
끊임없이 호흡하기에
어패류들이 살고
물새들도 향연을
즐기나 보다.

삼복의 무더위 보퉁이
메고 와
모래사장에
풀어 버리는 쾌감

파도와 물장구치고
쾌속선을 타고
질주하면
세속의 번뇌
씻겨 나가고

해변은
활기 얻기 위한 삶의 충전소
찜통더위 떨게 하는 곳

보령 해변을 거닐며

남쪽나라
잠자리 한 쌍
팔락임의 날개바람
파도 되어
끊임없이 밀려오나

이른 아침
백사장에
갈매기 떼 몰려 앉아
휴식도 취하고
깃도 다듬고
종종걸음 치며
먹이도 낚아채고

해변의 파도 소리
솔바람 소리는
삼복더위 식히는 소리
소나기마저
창문 두드리니
초가을 초인종 소리인 듯

고뇌를 되살리는 산

고난의 길이 있었기에
영화의 길 열리게 되고
어둠과 절망과 질곡(桎梏)을
슬기롭게 벗어났기에
광명한 환경 속에
소망 찾고
자유 만끽하나 보네.

태산 만나고
험곡(險谷)이 길을 막아도
주님 도움 받고자
부르짖을 때
탄탄대로 열리고
의의 길 걷게 하셨네.

모세의 출애굽 여정이
사막에 새겨 있는 듯
고뇌의 탈출 길이
산기슭에 영롱하게 어려 있네.

그늘 밑에서

혹서(酷暑)의 더위 있기에
시원함의 쾌감 맛보고
혹한(酷寒)의 추위 있기에
따스함의 포근함 느껴보네.

그늘 밑에 누워 있으면
미풍이
하루의 노독(勞毒)
씻어 버리고
마음을 살찌우고
행복의 모닥불 피워주네.

더위를 식혀 주는
매미들의 합창
이따금씩 들려주는
산새들의 협주(協奏)
바다 갈매기의
은빛 날개 곡예
해변의 정취와는 상이(相異)하지만
계곡의 그늘 밑은
낙원이 주는 안식(安息)인 듯

주님을 부를 때

칠흑 같은 어둠 속에
길 잃어 방황해도
주님 부를 때
사나운 짐승들 입 봉해 주시고
두려움도 몰아내고
참 평안 주시고
생명 길 인도해 주셨네.

폭풍이 몰아치고
지축을 흔드는
뇌성(雷聲)이 들려와도
주님을 부를 때
노도(怒濤) 일던 바다
잔잔케 되고
소망의 찬양 차고 넘치게 하셨네.

세상이 날 버리고
혈육마저 버려도
주님 부를 때
광명 찾고
의의 길 찾고
복락 찾게 하셨네.

기도하면

망망대해
등대 없는 어둠 속에
길 잃어 방황해도
기도하면
난폭한 상어들 유순케 하시고
외로움도 몰아내고
참 기쁨 주시고
영광 길로 인도해 주시네.

전쟁이 일어나고
고막을 울리는
포성이 들려와도
기도하면
공포 일던 터전
평온케 되고
승리의 찬양 차고 넘치게 하시네.

죄악이 엄습하고
사망권세 밀려와도
기도하면
죄 사함 받고
생명 길 찾고
영생의 길 찾게 하시네.

까치둥지

푸른 숲
높은 가지 위에
걸쳐 있는 까치둥지
폭풍한설에도 의연함은
수천 년 고수해 온
특출한 공법 때문

부화(孵化)되고
성숙(成熟)하여
자활(自活)할 수 있게 한 삶의 터전
미련 없이 버렸지만
주인 없는 까치둥진
폭우가 쏟아지고
태풍이 불어와도
의연히 자리 지켜
자손만대 번영 위한
삶의 교육장

오늘따라 까치둥지가
천군만마(千軍萬馬) 지켜낸
철옹산성(鐵瓮山城) 같구려

금수(禽獸)들의 암시

갈매기들이
자리다툼하다
굶주린 여우에게 잡혀 먹히고
숫 가젤들이
세력 다툼하다
치타에게 잡혀 먹혔으니
좋은 자리 권좌가
생명보다 소중하지 못한 것을
암시하는 듯

개코원숭이
위풍당당하게 사자를 몰아붙이니
달아나는 것은 위장전술
포위되어 목덜미 물려
교만을 뉘우치며
눈에 어린 통한의 흔적
전쟁과 다툼은 공멸하고
교만도 사망을 불러오고

주님 내 안에 계실 때

주님 내 안에 계실 때
절망이 물러가고
소망 넘치네.

전쟁이 일어나
공포의 폭풍 불어도
다윗처럼 용맹한
담력 주시고
시기와 더러운 것
성령의 불로 태워버려
거룩한 마음 갖게 하네.

주님 내 안에 계실 때
막힌 강 트이고
흑암 길도
동토 길도 열려
희열이 대로
낙원의 대로 뚫리네.

주님 내 안에 계실 때
햇빛 되고 스승 되고
목자 되어
진리의 길 걷게 하네.

성령과 동행하면

성령과 동행하면
미움이 물러가고
사랑 넘치네.

환란이 닥쳐와도
곤고한 날이 다가와도
바위처럼 굳건한
믿음 주시고
교만과 불평불만
참회하여 씻어 버리고
겸손한 마음 갖게 하네.

성령과 동행하면
장벽이 트이고
마음 문도 기쁨 문도 열려
사랑의 대로
소망의 대로 뚫리네.

성령과 동행하면
힘이 되고 등대되고
친구되어
생명의 길 걷게 하네.

사랑

눈으로 말하고
가슴으로 느끼는 것

헤어지면 목말라 하고
시기하고 질투하고
만나면 황홀한 무늬
수놓은 휘장 펄럭이게 하는
잔잔한 물결

사랑이란
주변인들 눈 화살 받으며
심장박동 요동치게 하는 것.

둘만이 느끼는 행복
그러다가
미로(迷路)에 빠지는 것

숭고한 사랑이란
마음으로
혼으로만 느끼는
희열의 포만

찬란한 칠색 빛 무지개의 영광이
폭포수 포말처럼 피어나는 것.

숲

숲속 체련기구는
활력을 길러주고
걷기만 해도
젊음을 되살리는 곳.

벤치에 누워
하늘 바라보면
파란 잎사귀들이 뿜는
청량감(淸凉感) 감촉되는
기류의 향연

숲속은
번뇌의 티끌
날려 보내는 곳

내일을 위하여
생기 충전하고
다람쥐 재롱부리며
까투리 새끼 치는 곳.

5

분재(盆栽)

분재(盆栽)

태풍이 휩쓸고 가
가지가 꺾이고
뿌리가 뽑혀도
오히려
의연함은

과욕의 곁가지
꺾어 버린 때문이겠지

넓은 땅
차지하려는 욕심 버리고
아름다움을
뒤틀어 놓았기에
더 더욱
고매(高邁)한가 보네.

단비에
산천이 춤을 추고
폭우를 이겨낸
싱싱한 자태가
마음을 사로잡네.

병원의 하루

어느 환자는
나무 그늘 밑에서 장기를 두며
신선인 양 즐기기도 하고

어느 환자는
휠체어 굴리며
불구의 설음 씻으려 하네.

알약을 삼키기도 어려워
가루약을 먹어야 하고

병원은
환자와 의료인이 병마와 싸우는 곳
퇴원을 갈망하나
붙잡고 있는 질병

검진하여 처방하고
투약해도
회복되지 않는 건강

푸른 숲은
병실에서 벗어나라
오늘도
강렬히 손짓하는데.

까치둥지 밑 홍시

입부리 피 나도록
나뭇가지 꺾어 만든 둥지
강풍에도 날아가지 않고
폭우에도 잘 견디네.

알을 품고
새끼 품어 기를 때는
천둥번개도 두렵지 않은
천혜의 요새기에
천년 전이나 천년 후에도
변함없는 건축 구조

오매불망(寤寐不忘) 기다리는
반가운 손님 소식 전하려
분주히 날아다니는 노고 보답 위해
놓아두기 아까운 홍시 하나
미련 없이 남겨두고

새끼 떠난 빈 둥지
공허한 바람 스치지만
해묵은 까치둥지도
대자연 박물관 속에
진열된 향수(鄕愁)의 보배.

우아한 자태

마음의 저변을
요동치게 하고
행복의 똬리
틀게 한 것은

화사한
개나리꽃이 아니고
청신(淸新)한 백목련꽃도 아니고
우아한
그대의 자태였네.

무료함을
기쁨으로
절망을 소망으로
끌어올린 것도
아카시아 향기 아니고
천리향 향기도 아니고
인자한
그대의 미소 짓는 자태였네.

향기 사랑

속된 사랑은
애락(哀樂)을 동반하는 것
무지개 끝자락에
매달려 있는 것

속된 사랑은
눈총과 투기 속에
안개처럼 사라지기에
보람된 사랑 해야지

벌레도 먹지 않는
은행잎 새싹들이
움트는 싱싱한 푸름 속에
녹아 있는 사랑

마음의 때 씻어내는
순결한 백합화 향기 속에
스며드는 사랑
음미해 볼일이네.

만남의 축복

봄비에 꽃 피듯
피어오르는
설레는 만남

잔잔한 호수 위로
물살 가르는
원앙(鴛鴦)의 영롱한
무지갯빛 마음

마음속 저변에
솟아오르는 감격
스며드는 희열

공작새 날개 펴
발산하는
환상적 떨음의 전이(轉移)

사랑의 열매
축복의 열매
감사의 열매
가지가 휘도록 주렁주렁 열려 있네.

에델바이스

꽃이 피는 것은
삭막한 세상에
생기 불어넣고
우울한 표정에
웃음 지으라는 묵시(黙示)

꽃이 피는 것은
한파 몰아내는
고함 소리이고
냉랭한 가슴에
온천수가 흐르게 함이네.

꽃이 피는 것은
악인도 선인이 되고
마음의 때
영혼의 때
씻겨내게 하는 것

알프스 영봉의
에델바이스 한 송이는
신선되란 절규(絕叫)이네.

희열(喜悅)

필설로 표현할 수 없는
홀로만이 느끼는 희열
밤하늘 별에서
쏟아지는 찬란한 입자들이
뇌리에 수(繡) 놓았네.

대지는 목말라 갈라지고
황사만이 난무하는 초원에
낙뢰(落雷) 없는 뇌성(雷聲)만이
영면(永眠)을 깨우며
쏟아지는 폭우에
생기 찾는 미물들의 환호

인위로 맺을 수 없는 인연
위대한 섭리의 열매

비둘기는 깃 다듬고
한가로이 먹이 쪼아 먹고
한 쌍의 원앙이
잔잔한 호수 물살을 가르네.

꽃

대지가 꽁꽁 얼고
삭풍이 휘몰아쳐도
온실 속 꽃은

각박한 세파 속
주름살 펴지고
웃음꽃 피우라는 것이겠지

정원 꽃은
가정 식구 마음 틈에
행복 깃들라는 것이고
대지의 꽃은
세인들 마음 바탕에
축복의 무늬 새기라는 것이겠지

전원 꽃은 사람이 가꾸고
대지 꽃은 하나님이 가꾸기에
규모도 향기도 감동마저 다른 것

꽃은
미움도 근심도 병고도
몰아내고
사랑과 화평과 풍요를
누리라는 염원일 것이네.

호수

미풍에도
잔잔한 물결 일어나
아름다운 산 풍치 드리우지 못하고

기온이 내려가
살얼음도 얼고
추위 강도(强度) 따라
얼음 두께 달라지네.

마음도
바람 일면
깨어진 거울
한파 몰아치면
냉혈동물 되려나.

호수는
마음 티끌
날려보내는 곳
자정(自淨)하는
마음의 거울

거룩한 능력으로
마음 표백하여
잔잔한
호수 닮게 하소서.

세월 낚는 강태공

싱싱하고
아름다운 꽃엔
벌 나비 모여들어
풍치(風致) 돋우고

산새들도
즐거운 듯
교태저린 노래
들려주네.

푸른 숲은
생기 불어 넣으려는 듯
미풍에 하늘거리고

호숫가엔
강태공들 낚시 느리고
세월을 낚으려는 듯

광명의 꽃

물 뿌리고
흙 갈아
부식토로 살찌우면
꽃망울 터트려
화사한 웃음꽃 피우네.

창밖엔
칼바람에
심신이 움츠려도
베란다 꽃송이는
남극의 정취 발산하고

마음 가장자리
터 닦고
꽃 가꾸면
소망의 꽃
사랑의 꽃
봉사의 꽃 활짝 피어
세상을 밝히는 햇빛되리

민들레

햇볕이 작열(灼熱)해도
척박한 땅에도 뿌리내려
톱니의 푸른 잎을 내고
더 이상 자라기를 포기하고
낮은 자의 자세도 만족한 듯

사월이 되면
노랑 꽃도 하얀 꽃도 피우고
씨 여물면
날개 달아 날다가
길가에 밟힐 줄 알면서도
철없이 뿌리내리고 싹틔워
민초들의 설음을 웅변하고
뿌리는 최유제(催乳劑)로,
건위제(健胃劑)로
잎은 만성간염, 활력증진제로
쓰임 받고

혹한에 잎은 시들어도
훈풍에 새싹 틔워
강인함 보이고
인고(忍苦)의 나이테는
탄성을 발하게 하네.

꽃 눈

설한(雪寒)에 못 이겨
낙엽은 대지에 굴어도
꽃눈은 살찌우고
새 봄을 장식하려
꿈으로 부풀리고
벌 나비 무도(舞蹈)를
함축시켰나 보네.

하얀 눈이 펑펑 쏟아지면
설화(雪花)를 피우고
영하의 냉기로
백설의 성결한 하얀색 뽑아
청초한 꽃 피울
백목련 꽃눈

병아리 솜털 같은
폭신한 노랑물감
어디서 뽑을까
고심하는 개나리 꽃눈

무릉도원 꿈꾸는
복숭아 꽃눈도
유난히 고귀하게 보이네.

주님

주님 함께 하시면
폭포수처럼
행복의 포말 온몸을 적시고
주님 떠나시면
벼랑 끝에 서 있는 듯
위태롭고 공포의 먹구름
전신을 휘감네.

주님은 나의 소망
나의 기쁨
나의 힘 되시기에
빈 들에서도
험한 산골에서도
폭풍우 몰아치는 풍랑 속에도
두렵지 않네.

죄로 물든 마음
성령의 물길로 씻고
탐욕으로 얼룩진 때
성령의 불길로 태워
주님과 동행하는 삶
살게 하소서.

6

금강산 만물상

금강산 만물상 / 주님 곁에 / 채석강 / 만추(晩秋) / 폭우 / 지혜와 우매 / 사랑은 / 소망의 깃발 / 고향 / 설날 / 십자가 / 유해(遺骸) / 소망 / 감사 / 꽃씨 속에는

금강산 만물상

흔한 바위 주워다가
도끼로 찍고
대패로 밀고
징으로 쪼아

위태롭게 칼날 세워
아스라이 세워두니
금강 되어
금강산 되었는가.

동해의 푸른 물 위
불어오는 강풍으로
기암괴석 만들어 만물상 되고

세 개의 창날 끝 옆
소나무 뿌리내리니
삼선암 되었는가.

산새조차 속물이기에
접근 못하는 선경

속물인 인간의 발바닥이
어이 얼룩지게 하게 하겠는가!

주님 곁에

세상 고뇌 시달려
혼곤할 때에도
주님 곁에 있으면
새 힘이 솟고
바위덩이도 무겁지 않겠네.

슬픔과 외로움
가시처럼
온몸을 찔러도
주님 곁에 있으면
기쁨이 전신을 휘감고
소망의 나래 펴
창공을 나르네.

마음 든든하고
보람된 삶 영유함은
주님 곁에 있음이니
부러울 것 없어
감사 향연을 펼치네.

채석강

백로들은
절벽 위 소나무 숲 위에
옹기종기 모여
풍치를 돋우고
모터보트 쾌속정은
환성이 터져 나오도록
하얀 포말 튕기며
바닷물 가르네.

갈매기들
까룩거리는 노래는
바다 낭만 부추기고
채석강 널따란 바위에 앉아
수평선 바라보며
생의 무료함도
생업의 무거움도
출렁이는 파도에
떠내려 보내고

아름다운 추억
카메라에 담아
활력소 되게 했네.

만추(晩秋)

말(馬)들이 살찌우니
동토로 날아갔던 천둥오리도
살을 찌우려는 듯
잔잔한 호수
물살 갈며
자맥질하느라 여념 없네.

바람에 한들거리며
하얀색 분홍색 붉은색으로
단장하고
벌 나비 불러 모아
향연 베풀던 코스모스도
까만 씨앗 속에
생명을 응축시키고
새해의 환희를 꿈꾸며
동면하려나 보네.

들녘엔 추수의 풍요가
넘실거리고
감나무에 매달린 홍시들이
한 폭의 걸작을 창출하는구려.

폭우

구멍 뚫린 하늘에서
쏟아지는 폭우
오염된 대기와 토양
정화(淨化)시키는 폭포수

폭풍을 동반하여
썩어가는 바다
생기 불어넣어
산더미 같은 파도
해일(海溢)은
장관을 연출하고

유약한 나무들은
꺾이고 뽑혀도
인고(忍苦)하는 나무들은
심지 굳은 뿌리내려
활력소 뿜어내게 하네.

지혜와 우매

바람을 잡으려는
어리석음이 없게 하시고
바람을 이용하는 지혜로
삶을 살찌우게 하소서

건강을 해치며까지
얻으려는 과욕은
우매함이기에
지혜의 우물을 파
지혜가 솟구치게 하시고
강건한 영육의 능력으로
소망을 이루게 하소서.

개구리는
물이 고인 논바닥 밑에서
겨울잠을 자고
경칩 전후에서 사랑노래 열창하는
번식을 위한 생활 터전
선택하는 지혜
감동을 자아내고

버들가지
눈망울은
우주의 정기 모아
터질듯 부풀어 있네.

사랑은

사랑은
모양 없어 그릴 수도 없고
저울 없어 달아볼 수도 없네.

사랑은
너무 길어 재어볼 수 없고
아카시아 향기처럼
느낄 뿐이네.

녹음 우거진 숲속에서
울려 퍼지는 꾀꼬리 노래는
심금을 울리고
사랑은 소리 없어
들을 수 없지만

순교자는 사랑의 피 흘리러
순교지로 달려가
사랑의 무게를 감지케 하고
거룩한 향기를 은은히 퍼뜨리네.

소망의 깃발

그대는
삶의 무게를 가볍게 하고
심장에
활력 불어넣어
생의 수레바퀴에
윤활유 되었네.

그대는
혼곤한 삼복더위에
소낙비 되어
산천이 춤을 추듯
심령이 기뻐 뛰고

태고부터 맺어진 양
행복의 뭉게구름
꺼이꺼이 피어오르고
축복의 무지개 다리에
소망의 깃발 펄럭이네.

고향

나방의 고향은
누에고치
한 번 탈출한 나방은
다시 들어가 살 수 없는 폐가(廢家)

고향집 우물가에는
봉선화 홍초가 붉게 피었었고
살구꽃이
벚꽃처럼 만발했었지

대나무 숲 우거져
북풍을 막아 주고
꼬불꼬불한 시골길
담장 위에는
노란 호박덩이
주렁주렁 매달려
소박한 풍요 누리게 하고

두엄자리 허적이며
병아리 부르는 암탉의 소리
정적을 깨뜨리고
강아지 꼬리 흔들며 뛰놀던
동심 깃든 곳

설날

설날은 어린이들
세뱃돈 받는 기쁜 날
어른들도
온 가족 만나보는
상봉의 기쁨 만끽하는 날

설날은 어린이들
때때옷 입고 뽐내는 날
모든 직업인들
일손 놓고
행복 누리는 날

설날 오후는
썰물이 바닷물 빠져나가듯
자손들
돌아가고

뒷동산에 올라
거북등처럼 단단한
소나무 뿌리에 귀 기우리며
수액의 흐름 소리 들어보는 날.

십자가

낙원을 향한
험난한 외줄기
양팔을 벌려 못 박아야 할
치욕과 고통의 받침대

무거운 짐이 가벼워지고
거룩한 피 흘림이 있었기에
칠흑의 죄가
백합화로 피었겠지

첨탑 끝에 매달아
세상을 향해 외쳐 봐도
귀 막아 버리면
쇠사슬에 얽매인 고통의 혼백

작은 형틀
가슴에 매달아도
사욕으로 눈 감기면
세상의 조롱거리

그래도
십자가 불빛 아래선
붉은 죄가 타고 있네.

유해(遺骸)

부모님 조부모님
증조부모님 유해 대하니
인생 덧없음을 되새기게 되네.

살아생전 못다한 효
지성을 다해
묘 단장하고
영혼은 하늘나라에서
영원한 안식 누리시라
예배 드렸네.

조상님 은덕으로
평강 누림 감사하고
이 땅에 태어난
사명과 소명 다하려
다시 다짐해 보네.

소망

내가 글을 쓸 때에
주의 능력 깃들어
읽는 자마다
주의 사랑 느끼게 하소서.

내가 말을 할 때에
주님 주신 지혜로
듣는 자에게
소망과 기쁨 갖게 하소서.

차가운 가슴엔
성령의 불길로
뜨겁게 달구게 하시고
메마른 눈에
긍휼의 눈물 흘리게 하소서.

우리 앞에 다가오는
광야의 길
믿음으로 걸어가게 하시고
우리의 발자국에
주님의 향기로 채워 주소서

봉사에 인색한 손

주의 보혈로 적셔
거룩한 손 되게 하시고
모세의 지팡이가
쥐어지게 하소서.

감사

폭염 속에
소낙비 주시고
풍성한 과일 주시니
감사하고

시원한 바람 소리
들려주시고
푸른 강물 대지 적셔
오곡백과 무성케 하시니
감사하고

입술에는
하늘 영광 찬양케 하고
눈 감으면
범사에 감사기도 울어나니
감사의 향기
온 누리 요동치네.

꽃씨 속에는

꽃씨 속에는
빨간 꽃도
노란 꽃도
숨어 있고
벌 나비 불러 모으는
꿀도 숨겨 있겠지.

꽃씨 속에는
그리운 임의
얼굴도 숨어 있기에
꽃이 필 때
뚫어지게 바라보는 것이겠지.

꽃씨 속에는
향기도 담아 두었나 보다
향기 흩날려
꾀꼬리 노랫소리
향기로우라고

꽃씨 속에는
어린이 노래도 숨겨 있고
사랑한다는 사랑의 밀어도
담겨 있나보다

그러기에 꽃을 받으면
사랑에 젖어
사랑하게 되나 보다.

발문(跋文)

시를 이해하는데 도움이 되도록 저자의 걸어온 길을 나열해 본다.

금만평야 중농의 가정에서 태어나 유년시절을 보냈고, 중학교 일학년 때 6.25를 겪었으며, 호남의 명문 전주고등학교에 입학하여 영재들과 겨루며 꿈을 키웠다.

그리고 난치병으로 고통 받는 자들의 질병을 경감시키고 평강을 주기 위하여 성균관대학교 약학대학에 들어가 수학하고 국가고시에 합격하여 약사면허를 취득했다.

그러나 국가동량(國家棟梁)과 인재육성이 더욱 중차대하다고 판단되어 중등교원 자격증 취득에 도전하여 합격의 영광을 얻게 되었다.

다행히 전주 근영여자고등학교에서 30년 동안 생물과 화학을 가르치며 과학부장으로 진학지도 주임으로 7년간 봉직하면서 학생들의 전인교육과 명문대 진학 합격률을 높이는데 최선을 다하여 명문고로 발돋움하게 함으로 교육감상 2회와 이사장 표창과 대통령 표창을 수상케 되었다.

더욱 감사한 것은 퇴직 후 연금을 봉급처럼 수령하기에 노후 걱정이 추호도 없게 되었으며 해외여행을 수시로 하게 됨으로 견문을 넓힐 기회를 얻게 되었다.

때마침 시와 수필 두 영역의 문단에 등단하게 되어 두 권의 수필집과 두 권의 시집을 출판하고 문단의 중진들과 명사들을 초청하여 출판기념회를 갖기도 하였고, 공무원문학상을 수상하게 되고, 공무원문학회 부회장의 중책을 맞게 되었다.

이제 세 번째 수필집과 시집을 출간하게 된 것이다.

재직 시 최초로 해외 나들이는 호주와 뉴질랜드 북섬과 남섬이었다. 뉴질랜드 남섬의 밀포드사운드를 선유하면서 경관을 감상할 때 만년설이 녹아내려 장엄한 폭포들이 감탄을 자아내게 하였으며, 비취색 바다 바위에서 노니는 바다 표범들을 보는 것도 경관을 더욱 운치 있게 하였다.

호주의 시드니는 세계 3대미항의 하나로 골든 코스트의 모래사장을 거닐 때 집채만한 파도가 연거푸 밀려오는 장관은 감탄을 자아내게 하였다. 그토록 경이로운 아름다운 경관은 시심을 일게 하고 견문록을 집필하게 한 것이다.

중국의 장가계를 탐방했을 때 금강산이 천하제일이라 뇌리에 새겨져 있었으나 그렇지 않다는 생각으로 바꾸어지고 말았다.

그리고 미국 서부지역 관광에서는 트랩을 타고 유니버설 스튜디오를 돌아보며 감동을 받았고, 그랜드 캐년의 신비롬과 라스베이거스의 야경은 별천지이었다.

미국 동부지역 관광에서서 강 전체의 물이 떨어져 하얀 포말을 분출하는 나이아가라 폭포 또한 생전에 한 번쯤 감상해 볼만한 경관이라 생각 되었다.

허드슨 강에서 유람선을 타고 자유여신상을 바라보며 뉴욕의 빌딩 숲을 보는 것도 잊지 못할 경관이었다.

서유럽 4개 국가 영국, 프랑스, 스위스, 이태리 순방 또한 의미 있는 여행이었다. 런던에 도착하여 테임스 강에서 유람하면서 그 유명한 국회의사당을 바라보며 타워 부릿지를 감상하는 것도 잊지 못할 사건이었다.

도버해협 터널을 통하여 프랑스 파리에 도착 세느강에서 에펠탑을 바라보며 유람한 것도 꿈에도 그리던 소망이 성취

되었다는 느낌마저 들었다.

파리의 개선문 앞에서 기념사진을 촬영하고 알프스 산을 넘어 이태리에 도착 로마의 카타 쿰과 콜로세움에서 무너진 벽을 더듬어 보는 것도 독특한 시심을 자아내게 하였다.

모세의 출애굽 경로를 따라 먼저 이집트에서 장엄한 피라미드를 보고, 홍해를 건너 가도가도 끝이 없는 광야의 나라 요르단에서 세계 불가사이의 걸작 페트라를 보고 성지 예루살렘에 들려 황금으로 입힌 성전 돔을 보았으며, 갈릴리 호수에서 베드로고기를 시식했다.

예수님이 산상수훈을 설파한 팔복교회를 둘러보고 베들레헴을 방문했으며 골고다 언덕을 거닐어 보았다.

사해에 들어가 머드팩을 즐기고 부력에 의해 물 위에 떠보는 체험은 무척이나 인상적이었다.

일본 벳부에 들려 온천욕을 즐기며 연기처럼 곳곳에서 수증기가 분출되는 것도 특이한 경관이었다.

태국은 관광 천국이다. 여행객들의 사진을 찍어 사기접시에 사진이 나오게 하고, 뷔페식당에서는 세계인의 입맛에 맞는 요리를 다양하게 준비하였고 값도 매우 저렴하였다.

호랑이 새끼들이 돼지 어미젖을 먹는 관경도 보고, 돼지가 덧셈과 뺄셈을 하는 광경도 보았다.

대학시절에 서울 영락교회에서 영계의 거성 한경직 목사님으로부터 세례를 받고 전주 시온교회에서 선교부장, 중고등부 부장과 성가대장을 역임하면서 23년 동안 장로로 봉직하고 원로장로로 추대되어 오늘에 이르렀다.

한국 국제기드온협회 전주캠프 회장을 역임하였으며, 지금도 성서제작을 위한 교회순방 모금운동과 국내외 성서전달에 주력하고 있다.

교직에서 퇴임 후 약사면허가 있기에 요양병원에서 근무

하였으며, 한마음 화산병원에서 약국장으로 근무하면서 150여 명의 환자들의 약품조제와 인근 여러 곳의 요양원과 보호소 환자들의 처방을 조제함으로 미력하나마 보람을 느끼고 있다.

〈행복의 열매〉 시집에는 6부로 나누어 15편씩 총 90편을 수록하였다.

파수꾼의 나팔은 외적이 침입해 올 때, 죄악이 난무할 때 나팔을 불음으로 백성들이 일어나 외적을 막으며 죄악의 길에서 돌아서는데, 기능을 발휘하지 못하기에 "나팔 부는 자도/ 피리를 부는 자도/ 보기 힘든 세파 속에 파수군의 나팔은 졸고 있네"라고 개탄하고 있다.

사람들은 누구나 행복을 열망하지만 행복을 누리지 못하고 있다. 그러나 "마음밭 갈아 사랑 심고 온정으로 북돋우면 이상의 꽃이 피고 기쁨의 열매 감사의 열매 행복의 열매 주렁주렁 열릴 것이네"라 했다.

개심을 하고 사랑하고 온정을 베풀면 행복뿐 아니라 기쁨과 감사가 넘쳐 이상적 삶을 살게 될 것이라는 것이다.

조롱박이 매력적인 것은 큰 박처럼 욕심 부리지 않고 울타리에 매달려 있기에 풍치를 돋운다 했다.

꽃이 피는 것은 보는 이의 마음 주변에 행복의 고드름이 주렁주렁 열리기 위함이라 하여 세상을 밝게 하고 행복을 느끼도록 하기 위해 꽃이 피는 것이라 했다.

어느 만남에서는 만남이 있으면 헤어짐이 있기에 다시 만남을 기약하며 희열의 전대(纏帶)를 냉동시킴으로 헤어짐의 허전함을 불식시키려 했다.

연인의 눈빛은 청순하기 그지없는데 "푸른 초원에서 한가로이 풀을 뜯다가 무지개를 바라보는 사슴의 눈빛"과 비교했으며, 백향목 나무 대패로 다듬을 때 풍기는 향기를 눈빛과 비교하고 강조하기 위해 향기로운 눈빛이라 반복 기술했다.

어떤 미소는 "잔잔한 기쁨을 주고 활화산 분화처럼 활력을 솟구치게 하는 위력이 있다"고 생각해 보았다.

사랑이란 갈증을 풀어주는 생수 같기에 "깊은 산 속의 옹달샘인가 봐 그러기에 만나면 기쁨이 솟아나고 오랫동안 머물고 싶은 게지"라 하였고, "일평생 얽매여 있기에 거미줄보다 강한 밧줄인가 봐. 그러기에 한번 묶임 당하면 헤어나기 어렵고"라 하였다.

우리는 홀로 있을 때 어그러진 길 죄악의 길 탐욕의 길로 빠지기 쉽다. 주님 내 안에 계실 때만이 "햇빛 되고 스승 되고 목자 되어 진리의 길 걷게 하네"라 하였다.

악령과 동행하면 죄악의 길에 빠지게 되고 사망의 길에 빠지나 "성령과 동행하면 힘이 되고 등대 되고 친구 되어 생명의 길을 걷게 하는 것이다" 하였다.

분재가 예술적 가치를 높이는 것은 "넓은 땅 차지 하려는 욕심 버리고 아름다움을 뒤틀어 놓았기에 더 더욱 고매한가 보다"라고 느낌을 수록하였다.

금강산 만물상을 보면 기암괴석의 선경임을 느끼게 된다. 그러하여 "산새조차 속물이기에 접근 못하는 선경, 속물인 인간의 발바닥이 어이 얼룩지게 하겠는가!"라 하였다.

꽃씨의 DNA에는 오색 무늬와 달콤한 꿀도 녹아 있으리라 생각되어 "빨간 꽃도 노랑 꽃도 숨어 있고 달콤한 꿀도 녹아 있으리라" 생각되어 "빨간 꽃도 노랑 꽃도 숨어 있고 벌 나비 불러 모으는 꿀 송이도 숨겨 있으리라" 예측해 보았다.

〈행복의 열매〉를 읽는 동안 뇌리에 행복의 고드름이 주렁주렁 열리기를 염원할 뿐 아니라 의의 길 진리의 길 생명의 길 축복의 길 영광의 길 봉사의 길을 걸어 영육 간에 만복을 누리는 축복이 충만키를 기원하는 바이다.

행복의 열매

초판1쇄 인쇄 · 2014년 6월 20일
초판1쇄 발행 · 2014년 6월 25일

지은이 · 조도식
펴낸이 · 윤영희

펴낸곳 · 도서출판 **동행**
등록번호 · 제2-4991호

주소 · 서울시 중구 충무로 7길 17 (난빌딩 303호)
편집부 · (02) 2285-0711
영업부 · (02) 338-2734
팩　스 · (02) 338-2722
이메일 · gongamsa@hanmail.net

값 10,000원

ISBN 978-89-94227-87-0 03810

* 잘못된 책은 서점에서 교환해 드립니다.